저녁밥 짓는 냄새

저녁밥 짓는 냄새

초판인쇄 2025년 9월 10일
초판발행 2025년 9월 10일
지은이 신종찬
펴낸이 이해경
편집 길민정
펴낸곳 (주)문화앤피플뉴스
등록번호 제2024-000036호
주소 서울 중구 충무로2길 16, 4층 403호 (충무로4가, 동영빌딩)
대표전화 02)3295-3335
팩스 02)3295-3336
이메일 cnpnews@naver.com
홈페이지 cnpnews.co.kr

정가 13,000원
ISBN 979-11-94950-08-0 (03810)

※ 이책은 전부 또는 일부 내용을 재사용하려면 반드시 저작권자와 도서출판 문화앤피플의 동의를 받아야 합니다.
※ 이 도서의 국립중앙도서관 출판시도서목록(CIP)은 서지정보유통지원시스템 홈페이지(http://seoji.go.kr)와 국가자료공동목록시스템 (http://www.go.kr/kolisnet)에서 이용하실 수 있습니다.
※ 이 책은 교보문고와 연계하여 전자책으로도 발간되었습니다.
※ 이 책은 국립중앙도서관 홈페이지에서 검색 가능합니다.
   잘못 만들어진 책은 바꿔드립니다

신종찬 두 번째 시집
저녁밥 짓는 냄새

문화앤피플

/ 머리말 /

　철학자 하이데거는 현대 시인은 고향 상실자라고 했다. 시인뿐만 아니라 많은 현대인이, 고향과 함께 유년의 추억들도 잃어버린 가련한 처지로 보인다. 나 또한 이루지 못한 꿈까지 많이 잃어버렸다. 경쟁이 심해 각박하게 살아갈 수밖에 없었다고 핑계를 대본다. 권력은 함부로 남을 억압해 놓고, 승리에 취해 미안한 줄도 모른다. 물질은 점점 풍요해져 먹을 것이 넘쳐나고, 발달한 문명의 이기利器 덕분에 신체는 아주 편해졌는데 왜 이런 사회가 되었을까?
　무엇이 부족하여 이렇게 되었을까? 『논어論語』에서 "시를 공부하지 않고서는 말할 게 없다. (不學詩 無以言.)"라고 했다. 시가 말의 모든 것을 갖추고 있다는 뜻도 되고, 시를 알지 못하고서는 뭘 안다고 할 수 없다는 뜻도 된다. "『시경詩經』 삼백 수를 한마디로 말하면 사악함이 없고(詩三百一言以蔽之思無邪), 온유하고 돈독함은 시가 가르치는 바이다(溫柔敦厚詩教也)."라고 했다. 시詩를 모르니 우둔하고 사악하게 된 게 아닐까.

서양에서도 고대 그리스시대부터 인간은 언어 동물이며, 시인은 말을 어떻게 사용할지 늘 고민하는 사람이라고 했다. 아리스토텔레스는 『시학詩學』에서 '시는 자연을 모방하는 것, 자연의 부족함을 채우는 것, 있음 직한 이야기를 적은 것이다.'라 했다. 시학에서처럼 시를 배워서 자연의 부족함을 채우는 것처럼, 인간의 부족함을 메울 수도 있지 않을까.

전통 한국의 시는 한시漢詩이던, 시조이던, 가사 문학이던 인생의 허무함과 유한함을 노래하는 낭만적인 특징이 있다. 그런데 근세에 와서 서양 현대 시의 영향을 받아 현대 문명을 야유하거나 풍자하며, 어떤 일에 대해 분명한 견해를 밝히는 성명적聲明的 시 등의 경향도 많이 보인다. 그러나 주류는 서정시로 보인다. 흔히 서정시를 개인의 감정을 지적 여과 없이 그대로 드러낸 시라고 말한다. 시대에 따라 다르겠지만 시는 반드시 형식에 따라야 한다. 예전 한국 시는 그 내용이 교훈적인 예가 많았다. 그러나 현대 시에서는 말하기보다는 이미지 보여주기를 추구하며, 설명이나 가르치려는 의도는 아주 금기다.

김춘수 시인은 그의 『시론詩論』에서 이미지 시에서 더 나아가 '무의미 시'를 추구했다. 그는 "시에서 서술적 이미지의 사생적 소박성이 대상과 거리를 잃었을 때 이미지와 대상과의 거리가 없어진다. 이미지가 곧 대상이 된다. 현대 무의미시는 시와 대상과의 거리가 없어진 데서 생긴 현상이다."라고 하며 이미지가 시를 쓴다고 했다. 그러나 '대상까지 잃어버린 상태'라는 김춘수 시인의 경지에 이르기도 어렵고, 설사 이룰 수 있다고 해도 내가 그렇게 쓸 수 있을지는 모르겠다. 왜냐하면 나는 하나의 존재자로 존재하면서 불만도 많고, '개인적인 감회'를 넘어 인간 자체에 대한 지성적인 성찰을 결코 간과할 수 없기 때문이다. 나는 보여주기뿐만 아니라 이런 성찰을 시로 쓰지 않고는 못 배길 때 시를 쓴다. 그러니 독자와 함께 성찰할 수 있는 쉬운 시, 일상을 승화한 살아있는 시를 쓰고 싶다. 여기에다 의사이기에 자연과학적인 관찰을 승화시킨 시를 쓰고 싶다.

현대의학은 단순히 질병의 치료에 국한되지 않고, 인간 전체를 공부하는 인간학을 지향하고 있다. 인간의 진정한 건강은 질병으로부터의 해방만을 의미하지는 않는다. 현대의학은 여러 기초과학의 발달에 힘입어 과거에는 상상도 할 수 없었던 경지에 이르렀다. 현실적으로도 인간의 수명은 점점 늘어나 '백 세 인생'이 점차 확대되고 있다. 늘어난 수명으로 만성병 등 지병이 늘어나, 인간은 병에서 해방될 수 없고 병과 함께 살아갈 수밖에 없다. 병이 있다고 하여 꼭 불행한 게 아닌 것처럼, 내 꿈을 이루지 못했다고 불행

할 수는 없다. 어려서부터 간직했던 이루지 못한 꿈들을 시로 쓸 수 있다면 행복할 수 있다. 하이데거가 시詩의 본질을 '언어에 의한 존재의 건설'이라 했던 것처럼, 나도 시를 통해 나 자신을 건설해 보고 싶다. 내 꿈 중의 하나인 첫 손녀 규서圭瑞가 작년에 태어났다.

2025년 가을
신 종 찬

/ 축사 /

시詩는 사람의 정신을 치유하는 묘약이다
-김호운(소설가, 한국문인협회 이사장)

 시詩, poetry는 시인poet이 사물이나 사유를 통해 느낀 감정을 운율이 있는 언어로 압축하여 표현한 문학이다. 운율과 형식을 가지고 있지만, 시대의 흐름에 따라 시인에 따라 때로는 이러한 형식이 파괴되기도 한다. 이는 시인들이 가진 다양한 문화와 언어의 형식, 기법을 시작詩作에 적용되기 때문이다 『서경書經』「순전舜典」에 '시언지詩言志'라는 말이 나온다. 언어로 표현한 '뜻'이 곧 시라는 의미다. 따라서 사물을 바라보는 시인의 사유에서 빚어낸 게 시다. 1997년 소설 『작은 것들의 신』으로 맨부커상을 수상한 인도 작가 아룬다티 로이는 작가가 사물과 사건을 찾아 작품을 빚는 것 같지만 사실은 사물과 사건이 작가를 선택한다고 하였다. 이는 대상의 언어로 사물과 사건을 바라보아야만 작품이 만들어진다는 의미와도 통한다. 매우 선선한 메시지가 아닐 수 없다.

아무리 훌륭한 시라 하여도 독자가 쉬 다가갈 수 없다면, 시로서 기능을 다하기 어렵다. 예이츠가 극찬하여 서문을 쓴 인도 시인 타고르의 「기탄잘리」는 기존의 시 형식을 파괴했다. 단어의 함축으로 서사를 연결하고, 줄과 연으로 나누어 표현하던 형식에서 벗어나 마치 누구에겐가(어머니, 님 등) 대화하듯 하는 산문처럼 한 덩이를 이루는 시를 썼다. 이를 일련번호를 붙여 한 편 한 편 연결하여 103편을 모아 엮어 「기탄잘리」를 완성했다. 이러한 시 형태를 한용운과 신석정의 시에서 그 연결 고리를 찾아볼 수 있다. 말하자면 독자가 시인의 시에 쉬 다가올 수 있게. 누구든 그 시를 읽고 함께 호흡할 수 있게 한 장치다.

신종찬 시인의 시에서 이러한 모습이 나타난다. 운율과 형식을 기본으로 하는 시에 서사구조가 흐르고 있다. 이번에 펴내는 시집 『저녁밥 짓는 냄새』에 〈살며 생각하며〉, 〈다시 찾은 고향〉, 〈어린 시절 꿈〉, 〈풀, 꽃, 나무, 나비〉로 장을 나누어 실은 시들을 읽다 보면 한 폭의 그림처럼, 다큐로 촬영한 영상처럼 다가온다. 다양한 생각을 걸러낸, 참 정감이 가는 작품들이다.

신종찬 시인은 탁월한 문학 재능을 타고난 분 같다. 현재 의사로서 환자를 진료하면서 틈틈이 일상에서 느낀 영감靈感이나 체험을 놓치지 않고 작품으로 빚는다. 수필집을 펴낸 수필가며, 시집을 펴낸 시인이다. 문학을 통섭하는 훌륭한 문인이다. 이번에 펴내는 시집 『저녁밥 짓는 냄새』에서 시인의 그런 사유思惟 공간을 훔쳐볼 수 있다. 지금은 풍요로운 세상에 살지만 우리가 어렸을 때는 한 끼 끼니를 해결하는 일이 큰 일이었다. '저녁밥 짓는 냄새'는 그런 애절한 삶을 묘사한다. '내 소망은 저녁연기처럼 사는 것이오/ 굴뚝에서 나와 감나무 밑을 지나/마른 호박 줄기를 타고/성근 울바자 사이를/소리 없이 넘는 저녁연기처럼'이라고 표현하는 시 「저녁연기煙氣」에서 '연기'는 우리가 숨 쉬며 행복하게 사는 그 꿈이다. 아픈 환자를 돌보는 의사의 마음이기도 하다. 종일 환자를 돌보면서 시인은 어릴 적 가슴으로 맡았던 '저녁밥 짓는 냄새'를 떠올렸을 것이다. 아프고 지친 이들을 치유하는 시다. 신종찬 시인의 시를 읽다 보면 봄비처럼 대기가 촉촉해진다.

'딸이 떠난 방에 자던 아내/문 여는 소리에,/밤중에 왜 안 자고 일어나느냐고/무슨 걱정이 있느냐고 묻는다//걱정거리야 항상 많지만,/그냥 소변보러 가는 거라 말하곤 (전립선비대증)/ 기왕지사 일어났으니 책이나 읽자 하며/소파에 앉아,/아내 방 쪽으로 고개를 돌리니/방문 아래 틈 사이로 불빛이 새 나온다/속으로,/'내 걱정이랑 마시고 자기나 잘 자지'(불면증) 이 작품은 「지병持病들」의 한 대목이다. 현대인들은 저마다 병 하나씩 달고 산다. 없으면 하다못해 마음의 병이라도 만든다. '창밖 새벽하늘/하현달도/샛별에게 다가가/지병 있느냐고 묻는다(건강염려증)' 이렇듯 하늘에 뜬 별조차 지병이 있다. 신종찬 시인의 사유 확장이 어디까지인지 자못 궁금해진다. 진료실에서, 가족이 함께 사는 집에서, 산책하는 양재천에서, 시인의 시선은 사람과 자연 모두에게 확대되어 시의 언어로 대화를 나눈다. 아룬다티 로이가 말한 것처럼, 그는 사물과 대화를 나누는 것이다. 사물들이 신종찬 시인을 기다린다.

시집 『저녁밥 짓는 냄새』가 많은 독자에게 사랑받기를, 또한 현대인들이 안고 사는 육체와 정신의 지병이 치유되길 소망한다.

차 례

머리말 _ 04
축사 _ 08

1. 살며 생각하며

저녁연기煙氣 _ 20
돌 계단에서 _ 22
그루터기에서 _ 23
은행나무 아래서 _ 24
입추 단상(1) _ 26
입추 단상(2) _ 27
백자 달항아리 _ 28
봄날의 불성 _ 29
제단에서 _ 30
차 안에서 명상하며 _ 32
낮달 _ 34
고마운 앞산 _ 35

2. 다시 찾은 고향

저녁밥 짖는 냄새1 _ 38
저녁밥 짖는 냄새2 _ 39
안동 간고등어 _ 40
고향 집 새벽 _ 42
장닭 _ 43
내고향 아마리 _ 44
아버지의 빈자리 _ 46
가을 빛깔1 _ 48
가을 빛깔2 _ 49
팽나무 주막에서1 _ 50
팽나무 주막에서2 _ 52
타래난초 _ 54

차 례

3. 어린 시절의 꿈

첫 손녀 태어나던 날 _ 56
보리 새참 _ 58
고향에 집 짓기 _ 59
호수에 잠긴 당 숲 _ 60
겨울밤에 _ 62
등꽃과 개미귀신 _ 63
양재천 디딜방아 _ 64
오일장 날 _ 66
겨울 아침 참새 _ 68
소쩍새와 솔부엉이 _ 69
어린 겨울 _ 70
모르면 못 할 일이 없다 _ 72

4. 풀, 꽃, 나무, 나비

풀들의 말 _ 74
수수꽃다리 _ 76
씀바귀꽃 _ 77
목련꽃 _ 78
아팝나무 _ 79
호랑나비 _ 80
밤꽃의 꿈 _ 82
들깨 향 _ 83
낙엽 _ 84
늦가을 달리아 꽃에게 _ 85
과꽃과 필수의료 의사 _ 86
느티나무 숲 _ 88

차 례

5. 진료실에서

마스크 _ 90
전립선비대증 _ 91
만성병 _ 92
인내심 _ 94
지병들 _ 96
진료실의 복음 _ 98
허파에게 _ 99
흉부X선 사진 _ 100
대기실 의자 _ 102
자율주행 _ 103
코로나의 신탁 _ 104
청진기 _ 106

6. 세상을 향하여

뻐꾸기 소리 _ 110
정의란 무엇인가 _ 112
가상 대화 _ 114
숫자에서 해방되기 _ 116
엄중한 시국 해결책 _ 117
반성 없는 계절 _ 118
이겨다오 _ 120
하늘도 가리는 손 _ 122
소쩍새와 부엉이 _ 123
산을 오르며(1) _ 124
산을 오르며(2) _ 126
첫눈 온 다음 날 _ 128

★ 신종찬 시집 저녁밥 짓는 냄새

1 살며 생각하며

―― 신종찬 시집 저녁밥 짓는 냄새

저녁연기 煙氣

내 소망은 저녁연기처럼 사는 것이오

굴뚝에서 나와 감나무 밑을 지나
마른 호박 줄기를 타고
성근 울바자 사이를
소리 없이 넘는 저녁연기처럼

아궁이 속에서 불티나게 다툼하던 때나,
구들을 뜨겁게 달구고 싶던 욕심들은
이제 잊고
쉬엄쉬엄 느슨하게
아직 떨어지지 않은 마른 참나무 잎이나 어루만지며
구수한 것보다 더 구수한
저녁밥 짓는 냄새가 은은히 퍼지는 동리에서,
띄엄띄엄 우는 늦가을 귀뚜라미처럼
눈을 반쯤 감고
익숙한 노래나 불러보는 것이오

어디서 왔는지
어디로 가는지 묻지도 않고

가는지도 모르고 가는
편안한 저녁연기를 닮고 싶으오

돌계단에서

돌계단을 오르다
바닥을 본다

밟혀서 빛나는 돌계단

늘 밟히면서도
피할 수 없어
놓인 대로
무너지지 않으려, 다만
서로 굳게 껴안을 뿐

밟혀 닳을수록
더 빛나는 돌계단

그루터기에서

삼복더위에 산을 오르다
나무 그늘 밑에 쉬며
앉았던 그루터기에
나 대신 물통을 놓았다

커피 마시고 물을 채운
아직은 얼음이 덜 녹은 물통이
앉아서 더웠을 그루터기를 식혀준다

살면서 그루터기처럼
날 받쳐 준 분들에게
지금 불어오는
시원한 산바람
한 자락씩 보내드리고 싶다

은행나무 아래서

빈틈없는 가을의 만행蠻行에
그리 당당하던 은행잎들도
푸르름을 잃고 샛노랗게 변해버리는군

무더위는 무척 관대했었지
비둘기들은 은행나무 가지에서 졸았고
매미들 합창이 잎보다 무성하도록 내버려 두었지

그대 민소매로 땀 흘릴 때
더위를 식혀주던 푸른 은행잎들은
이제 대지로 돌아가기 시작했고
그대도 이제 외투까지 걸치게 되었군
세상은 이렇게 변하기 마련이지

열매에서 역한 냄새가 나지만
은행나무는 오히려 반 나목裸木으로 즐기듯,
역한 현실에도 분노 대신에
늘 관조를 역설하던 그대여
세상은 우스꽝스럽다가도
시치미 뚝 떼고 가지 않던가

가을 같은 깊은 상처도 겪어봤으니
이제 미소나 지어보세
그렇게 맑던 하늘도,
가을비 눈물 몇 방울에
기어코 깨지고 말지 않는가

입추 단상斷想 1

해거름에
옥상 정자에 앉아
짙은 들깨 향기에 젖는다

대추나무는
봄부터 부지런 떨어
붉은 열매 길러냈으니
한 해 소망 다 이루었단다

불어오는 갈바람에
마른 잎들 비벼대는 옥수수들은
자루 채 수확 바쳐 섭섭하다고
시나브로 수군대는 통에
고추잠자리는 앉을 곳이 없다

무성한 고춧대들은
열매가 붉게 익어가면서도
아직 허옇게 꽃 피고 있는데,
여름 내내
시詩 한 편 제대로 못 썼으니
구름 한 점 없이
하늘이 높아 더 부끄럽다

입추 단상斷想 2

된장잠자리들이 하늘을 점령한
상가 옥상 정자에 앉아, 한가하게
화분 사이를 기웃거리는
코스모스가 몇 송인지 세어본다

송이채 수확 바친 포도 잎들이
누더기로 낡아버렸을 때
꿈 많은 국화는
따가운 햇살 담아
수수 알 같은 꽃망울들 잔뜩 맺어 놓았다

잎 사이에서 꾸벅꾸벅 졸며
여름 내내 숨어지낸 열매 마 덩이들은
나 여기 있다고 눈 부라리지만,
나는 변변한 시 하나 못 쓰고 있다

푸른 하늘이라도
휴대전화로 찍어놓으면
가을 시상詩想이 떠오르려나

백자白瓷 달항아리

장인의 손자국도,
물레의 끝 없는 회전도,
오직 한 빛깔로 녹아
둥글고 둥글게 자리 잡을 때

나뭇잎 하나 흔들지 않고,
바람이 일 듯이
모래알 하나 굴리지 않고,
강물이 흐르듯이

오직 고요만으로
고요만으로
두둥실 달이 솟아
세상을 다 비추고도 남아,
어두운 내 마음속까지 밝혀
고요히 새 세상을 보게 하나이다

봄날의 불성佛性

노란 산수유꽃에
찬비가 내려앉는 날
쑥 캐러 나섰다

수서리 궁마을
양지 편 밤나무 아래
주춧돌만 남은 절터,
여리디여린 다북쑥도
불성佛性이 있는지,
마른 잎들을 덮고도 남아
가시투성이의 썩은 밤송이들까지
이불처럼 덮어주고 있다

쑥을 캐다가
뭔가 호미 끝에 걸렸다
아차!
땅속에서 깊이 주무시는
불상님께 봄을 알린 건 아닐까

제단祭壇에서

온통 가을로 물들어
죽음처럼 모든 경계가 허물어졌다

마른풀들을 모아
상석床石의 낙엽을 쓸어내며 알았다
느닷없었을 죽음처럼
선택할 수 없이 태어난 삶도
떨어진 잎들처럼 언제나 일회용이었다

향을 피워 기척을 알려드리고
죽음에 인사를 드렸지만,
모든 것을 복속시킨 죽음은
외로이 솟은 망주처럼 침묵했다

제물祭物들이 제자리인지를 챙기고
자리를 살피며 꿇어앉아
아득한 추억에 감사드리며
추원감시追遠感時 불승영모不勝永慕
삼가 죽음을 위로했지만
죽음이 종말이 아니기에
정작 위로받는 것은 나 자신이었다

제단을 떠날 때
생사의 경계를 말해주려는지
부슬부슬 도래솔 잎들이 떨어졌고
어딘가에서 낙엽에 묻히고 있을
내 무덤터가 궁금해졌다

차안에서 명상하며

오늘도 출근하여
운전석에 앉아
조용히 의자를 뒤로 젖힌다

지그시 눈을 감고
코밑에만 마음을 집중하고
숨을
들이쉴 때 들이쉰다,
내쉴 때 내쉰다고 하고
조용히 마음을 모아
탐진치貪瞋癡를 멀리하는 흉내라도 내보지만
마음의 눈은 여전히 감겨 있고
근심 뒤엔 걱정이 걱정 뒤엔 근심이,
그 뒤엔 욕심들이…

눈, 귀, 코, 혀, 육근六根을 건드리며
거친 생각들에 싸여
무명無明 속에서 살았으니
육신의 열쇠로는
내 안의 자물통을 통 열 수가 없다

차 열쇠를 돌려
시동을 걸고 의자를 앞으로 당긴다

어디론가 떠나가고 싶지만,
진료실 외에
자물통 열고 들어갈 곳도 없다

낮달

눈이 내려 온통 하얗던 날에도
달은,
꼭두새벽부터 하얗게 떠 있었다

어둠이 걷히면
별들은 어디로 가고
해가 어떻게 뜨나 보려고,
동이 트면
가로등이 언제 꺼지고
차들이 언제 전조등을 끄는지 보려고,
꼭두새벽부터 떠 있었다

그래봤자 낮달은
나처럼,
자기가 낮달인 줄도 모르고
덜 녹은 눈처럼 하얗게 떠 있었다

고마운 앞산

빽빽이 나무를 키워
아침햇살을 막아주는 뜻은
밤을 늘여 아침에 여유를 주려는 뜻입니까

잊지 않을 만큼
솔바람 불어주는 뜻은
가끔 저녁놀이 고울 거라는 뜻입니까

굴참나무 큰 가지에
저녁달을 걸어두는 뜻은
여유로울 때, 내 마음도
한 번 걸어보라는 뜻입니까

캄캄한 밤을
더 캄캄하게 드리우는 뜻은
내일 아침도 무척 밝을 거라는 뜻입니까

★ 신중헌 시점 저녁밥 짓는 냄새

2 다시 찾은 고향
___ 신종찬 시집 저녘밥 짓는 냄새

저녁밥 짓는 냄새 1

댑싸리비로 정갈하게 마당 쓸고
솜씨 좋게 촘촘히 엮은 멍석 깔아놓고
논매기일꾼들을 기다리면서
어스름에 어른어른 나르는 왕잠자리를
댑싸리비로 후려쳐 잡을 생각뿐일 때

부엌에서 밥 뜸 들이는 냄새에다
찬물에 헹군 건진국수 오이 고명 풋내에
구수한 된장찌개 냄새가 따라 나오고,
상큼한 들깻잎 찌는 냄새도 풀풀 나는데
뭉클한 가지 찌는 냄새도 스멀스멀 풍기고
알싸한 고추찌는 냄새에 군침이 돈다

때마침 불어오던 저녁 바람이
모두 거두어 산으로 올라가
기다리던 산신령님께 고스란히 바치며
"냄새만 드셔도 배부르지 않소!"

저녁밥 짓는 냄새 2

저녁밥 짓는 냄새는
고단한 농부의 발걸음을 그려낸다
저녁밥 짓는 냄새는
젖이 불어도 일에 바쁜 어미 소 마음을 그려낸다
저녁밥 짓는 냄새는
굴뚝에 연기 나는 초가집 지붕을 그려낸다
저녁밥 짓는 냄새는
어린 시절 어머니의 흰 머릿수건을 그려낸다
저녁밥 짓는 냄새는
따스한 아랫목을 그려낸다
저녁밥 짓는 냄새는
장작불에 익어가는 고등어구이 냄새를 그려낸다
……
저녁밥 짓는 냄새는
옛 얘기라면
뭐든지 다 그려낼 수 있다

안동 간고등어

황소 울음소리에
가을 들판이 익어가고

소 등에 모쫄하게* 매달린
소금 절인 비린내처럼
성급한 마음은 벌써
쇠죽솥 잔불에 자작자작 구워
둘레 반 앞 식구들에게
김 나는 누런 속살 젖혀 두고 싶어
저리 당당한 발걸음 처음 보겠네

불어오는 갈바람에
누렇게 콩 익는 냄새가 실려 오면
펄럭이는 두루마기 소맷자락도 힘차고
길게 널어놓은 잘 익은 나락 더미에서
스멀스멀 올라오는 구수한 냄새도 냄새려니와
맑게 흘러가는 시냇물도
누렇게 익어가는 늙은 호박들도
모두 넉넉하여 아무 말 없는데

식구들 앞에
김 나는 누런 속살 젖혀 두고 싶어
해 넘어갈까 서두르는
저리 당당한 발걸음 처음 보겠네

*모쫄하게: 작지만 속이 꽉 찬 듯 꽤 무거운 느낌이란 뜻의
　　　　　안동지방 사투리.

고향 집 새벽

청명한 가을 새벽
고향 집 창 너머
하현달과 샛별이 정답게
얘기를 주고받는다

하현달이,
나 곧 어두워질 거야 하니
샛별이,
또 밝아질 때까지 기다리겠단다

어처구니없이 일찍 잠이 깨어버린
고향 집 새벽,
척추마취 된 환자처럼 손만 움직이며
면도할 아침이 되었는지
턱수염을 만져 본다
아직 덜 자랐다

기다리는 이 없어도
달과 별 얘기 듣느라
밤새 설친 고향 집 새벽

장닭

　고향에 와서 노모를 삶아 드리려 동짓달 저녁 횃대에서 늙은 장닭 날개 죽지를 휘어잡았는데, 갑자기 장닭이 껄껄 웃으며 말했다. 이렇게 살고 싶었지, 솔개가 하늘에 뜨면 홰를 쳐 암탉과 병아리들을 먼저 숨게 하고, 의연하게 마당을 지키다가 가장 나중에 자리를 피하고 먹이를 찾으면 어린 병아리를 먼저 찾고 남는 게 있으면 암탉에게 주어 튼실한 알들을 기대했었지, 풍성하고 아름답던 깃털들은 간곳없고 성근 깃털 하나가 아쉬운데, 모이 한 번 제때 준 적 없는 당신은, 지금 내게 뭘 하려 합니까 하는 말에, 흰머리에 주름살인 나보다 훨씬 나은 삶인 것 같아 슬그머니 놓아주며, "어머니, 늙은 장닭 잡아봤자 먹을 게 없어 보이네요!"라 핑계 대며 빈손으로 나온다.

*장닭: 수탁의 경상도 사투리.

내 고향 아마리*

어느 봄날 미질장터*에서
강아지 팔아 대게 사 들고
들판 신작로로 오리쯤 걸어오면
다섯 그루 속 빈 느티나무 숲이 기다렸다

당집을 두른 금색 한지韓紙는
바람이 안 불어도 팔랑거리며
절대 들어오지 말라 했고

단오 다음날 잘려 나간 그넷줄이
느티나무 가지를 아무리 흔들어대도
밤새 무섭게 울 준비를 하느라
올빼미들은 낮에 꿈쩍도 안 했다

양지쪽으로 난 보리 이랑 따라
목맨 송아지의 울음소리 뒤에
밤나무골에서 새매 등嶝을 빠져나온
닭 우는 소리가 이따금 들려올 때

서낭골* 지키는 느티나무 뿌리들은
집채만 한 바위들을 가볍게 안고,
백호등*이 아랫들*로 내민 발치에서
무너질 때까지 돌던 연자방아 맷돌은
이제는 지쳤는지 항상 누워있었다

아침에 높은 봉우재를 힘들게 넘어온 해는
송곳처럼 솟은 옥녀봉을 바라보며
대밭마을에서 아이들과 놀다가
등왕산登旺山 살괴바우*로 넘어갔다

*미질장터: 옛 경상북도 안동시 월곡면 소재지, 현재는 안동댐으로 수몰됨.
*아마리: 경상북도 안동시 예안면 기사1리에 있는 마을.
*백호등: 아미리의 서쪽 동산.
*아래들: 아미리의 한가운데 들판.
*살괴바우: 아미리의 서쪽 고개 이름.

아버지의 빈자리

장마에 허물어진 대문 앞 언덕이
가을하늘 따라 더 넓어졌다

사람도 허물어질 수 있다는 것을
나는 아버지한테서 배웠다
떠난 사람의 그늘은
남은 이들에게 짙은 그리움으로 자란다
아버지 수염처럼 노란 감국이 드문드문 폈다

고향 집 대문 앞에서 마지막으로 내밀던
아버지의 늙은 손처럼
커다란 소나무 뿌리가 불쑥 손을 내밀고,
대나무들은 무너지는 언덕을 안고 버티는데
아름드리 참나무들은 간간이 낙엽만 날린다

멀리 가을바람 소리만 들려도
금방 잎이 붉어지는 집 앞 붉나무 잎들,
아버지가 심으신 늙은 감나무는
아버지의 이마처럼 잎들이 다 떨어졌고

아직 잔가지에 잎이 빽빽한 매화나무는
부지런하시던 젊은 시절 아버지를 많이도 닮았다

반쯤 묻힌 돌 축대는
뼈대만 봐도 젊을 때 아버지처럼 늠름한데
보랏빛 구절초 몇 송이가 언덕에서 손을 흔들고
고갯마루보다 높던 아버지의 빈자리엔
감국 향기가 샛노랗게 밀려온다

가을 빛깔 1

가을바람 부는 산등성
멍석만 한 떼기밭에
듬성듬성 서 있는
새빨간 메밀짚들

서리 내린 아침
하얀 메밀꽃에 앉아
아침 해 기다리며
발랑발랑 숨만 쉬는
새빨간 고추잠자리 배

떼기밭 아래에
첫딸을 묻고
울지도 못한
스무 살 어미 가슴도
새빨갛게 타들어 갔다는
내 어머니

가을 빛깔 2

곰보할매는
산꼭대기 달맞이 언덕에
떼기밭을 쪼아 놓았는데

여름 햇살들이 빨갛게 고인
키 작은 메밀 대에 앉아
목 타게 아침 해 기다리는
서리 맞은 고추잠자리의 몸통은
메밀 대보다 더 붉었는데

그래도,
인민군에 간 외아들 기다리는
곰보할매 속보다는
훨씬 덜 탔을 거라고
마당 가득 붉은 고추 다듬으며
할머니가 얘기해주셨다

팽나무* 주막에서 1

배도 없는 포구에
손님도 없는 주막,
닫힌 부엌문 틈새로
가을 햇살들이 왁자지껄 찾아들어
시렁에서 소반 내려놓고
양은 주전자에 막걸리를 가득 부어
부뚜막 왕소금을 작은 접시에 담아
툇마루에 한 상 차려 놓으면,
어디서 많이 본 듯한 팽나무 영감
드넓은 백사장을 바라보며 걸터앉아
지나가는 강바람이 권하는 대로
한 주전자 시름을 다 비워버리곤 했다

봄비에 콩 모종 심었다 두 번 심은 일들도
장맛비 온다고 마른 논에 모내기했다 말려버린 일도
여름 햇볕 좋다고 보리 말리다 올 장마 썩힌 일도
홍수에 꺾인 버드나무 가지들처럼 상처로 남아
마른 종아리에 고스란히 새겨져 있는데,

웃자라서 철없는 미루나무 녀석은
그만큼 오래 살았는데 뭘 더 바라느냐며
바람이 안 불어도 팔랑거리는데
내가 할 말 다 하면
낙동강 백사장 모래알들보다 더 많다며
팽나무 영감은 제자리로 돌아가
그냥 말없이 주막 뒤에 서 있기로 했단다

*팽나무주막: 안동시 월곡면 우지말 낙동강변에 있던 주막으로 안동댐으로 수몰되었다. 중학교 진학하여 주말이면 사십 리 길을 걸어 시골집 가는 도중에 있었다.

팽나무 주막에서 2

그곳에선 언제나 매큼하고 고소한
모래무지 매운탕 냄새가 솔솔
닫힌 부엌문을 비집고 나왔다

약간 우그러진 알루미늄 주전자에서
수세미 자국 난 술잔으로
막걸리가 흘러나오듯이
팽나무 뒤 가파른 언덕에서
흰 모래 내려오는 소리가
늘 또는 때때로 사르르 들려왔다

하늘에 맞닿은 미루나무 허리에
장마 때 걸린 마른나무들을 바라보며
길손들은 마당 한 구석 평상에 앉아
뜨거운 모래사장을 한참이나 걸어
허리까지 차는 낙동강을, 어찌하면
얕은 여울로 건널지 얘기를 나누었다

빠진 이가 더 많은지
남은 이가 더 많은지 모를

주막 아주머니는, 그날도
팽나무 그늘 툇마루에 앉아
주름진 얼굴을 맑은 백사장에 비춰보듯이
강바람에 흰 머릿수건을 흩날렸다

타래난초

조부모님 합장묘를 벌초하다
보랏빛 타래난초가
낫 날에 걸린다

굽이굽이 꼬였으면서도 꼿꼿한 모습은
굽은 허리로 정화수 앞에 꼿꼿하시던 내 할머니 같다

자식들을 위하느라
지우지 못한 번뇌
임신壬申 생生, 갑술 생, 을미 생,
병 없이 건강하고, 착하고, 공부 잘하고,
소원 성취하기를 성주님께 빌고, 삼신 할머님께 빌고...

타래처럼 소원을 엮고 또 엮어
도토리 같은 손마디로 빌어도
아직도 빌 게 남으셨는지
올해도 타래난초로 피셨나이까

*타래난초: 늦여름부터 초가을에 피는 자생 난초로 반드시
   잔디가 있어야 자란다.

3 어린시절 꿈
―― 신종찬 시집 저녑밥 짓는 냄새

첫 손녀 태어나는 날

네가 온다기에
봄 창문 활짝 열고 기다리는데
향기로운 매화꽃도 오고
연노란 생강나무 꽃도 오고
분홍 진달래도 꽃도 오고
샛노란 개나리꽃도 오고
화사한 살구꽃도 오고
탐스러운 벚꽃도 오는데
너는 아직 오지 않아

떨어진 꽃잎 따라 꽃길을 걷는데
느티나무 새잎들이 손뼉을 치길래
무슨 좋은 일 있으려나 했더니
멀리 이국에서 네가 왔다고 하네

그럼 그렇지!
그제가 제비 오는 날이었지
봄꽃보다 더 아름다운 너는
봄꽃들 먼저 보내놓고

제비처럼 날아
상서祥瑞로운 날, 때맞춰 와서
새 세상을 열었구나!

옥돌 같은 네게
좋은 일 많이 있을 거야!
아무렴, 그렇고말고!
우리 규서圭瑞야!

보리 새참

보리막걸리를 드시면서
고삐를 잡고 있으면서도
할아버지는,
통통 알배기 시작하는
아까운 보리를, 소가
싹둑싹둑 먹게 내버려 두신다

서로 목이 탔다고
서로 땀 흘렸다고
같이 새참 먹자고

같이 늙어가며
한나절이나
써레질하느라 힘들었다고

고향에 집 짓기

 집채만 한 바위들이 포개져 있는데 여우바위라 한다 바위 틈새에 여우들이 숨듯이 바위 아래 시내가 폭포처럼 흘러 넓은 호수로 숨는다 나는 거기에 대청이 너른 집을 짓는다 여우도 보이지 않고 집도 보이지 않지만 나는 보이지 않는 집속으로 들어가 베 주우 적삼을 입고 대청에 앉아 넓고 조용한 호수를 바라본다 호수 밑이 훤히 보인다 물속에 잠긴 들판의 벼들과 보리들과 호박들과 과수원과 낮은 언덕에 있던 집들과 책보자기 메고 가던 신작로길 끝에 초등학교가 보인다 아아, 호반에는 이제 그리움들이 떠다닌다 보이지 않던 옛 동무들도 여우들도 물속에 잠긴 집들도...

호수에 잠긴 당 숲*

오랜 전설들이 듬성듬성 매달려 있는
다섯 그루 느티나무는 모두 얼추 다섯 아름이 넘었다

병자호란 때 순절한 한 의병 장군 얘기며,
느티나무 당 숲까지 장군의 주검을 싣고 온
애마愛馬의 슬픈 울음소리며,
단옷날 씨름대회에서 졌다고 죽어버린
몽달귀신 된 머슴의 슬픈 얘기며…
바람 안 불어도 늘 흔들거리는
썩은 그넷줄이 길손들에게 말해주었다

당 숲 아래 재잘거리는 시내를 따라,
당 집 귀신 깨울까 살금살금 걸어도
책보자기 필통 속 연필들이 달그락거려,
숨어 있던 커다란 올빼미를 깨웠는지
느닷없는 날갯소리에 온몸이 오싹해졌다

잡풀 무성한 검은 숲속
넘어질 듯 서 있는 당집을 감싼 금줄에
마른 솔가지와 흰 종이가 걸려 있고

벼락에 맞아 시커먼 느티나무 속에서는
늘 서낭 귀신이 나올 것만 같았다

타지에서 돌아올 때도
신작로 미루나무 사이로
멀리 울창한 느티나무 숲이 보이면
절로 마음이 편해졌다가도,
서늘한 느티나무 숲 그늘에 서면
머리끝이 수굿하여 옷깃을 여몄다

물속에 잠긴 당 숲 터에, 지금은
끼룩끼룩 날아드는 오리들만이
잠긴 서낭 전설들을 건져내는지
번갈아 자맥질하며 물속을 드나든다

*당 숲은 1974년 안동댐으로 물속에 잠겼지만,
 댐 수위에 따라 가끔 터만 보인다.

겨울밤에

할아버지 고드랫돌 소리와
손자 글 읽는 소리에
깜박깜박 호롱불도 장단을 맞춘다

지나가는 바람은
바라지 문과 일각문一角門을 여닫고
소 숨소리는 외양간 밖까지 들린다

우후후 울어대는 올빼미 소리에
어디서 나왔는지 살쾡이가 울을 넘고
뒤늦게 알아차려 쑥스러운 누렁이는
컹컹 짖다가 만다

날이 밝으면
참새는 쇠마답으로 아침을 쪼러 올 것이고
어머니는 또
대문간에 기다리는 거지들에게
김이 무럭무럭 나는 밥을 한 덩이 나눠주겠지

등꽃과 개미귀신

등꽃이 함박눈처럼 피고
등꽃이 소나기처럼 지는데
시치미 뚝 떼고
등꽃 덤불 아래로, 스르르
모래 사태沙汰가 진다

소쩍새 소리에 해가 떨어지면
아이는 이내 꿈속으로 들어가고
낮에 놀던 개미지옥을 또 만난다

기어오르면 다시 내려가는
모래 깔때기 지옥 속에서
허우적거리는 개미를 구해주려
마른 풀줄기로 사다리를 놓자
먹이를 놓치지 않으려
별안간 커다란 집게를 휘두르는
개미귀신에게 혼이 난 나는
가슴이 흠뻑 젖었다

또 아침이 오면
등꽃이 함박눈처럼 피고
등꽃이 소나기처럼 지고

양재천 디딜방아

방아다리를
가만히 밟으며
어디 살다 왔느냐고 물어본다

방아는 공손히 몸을 일으킨 다음
삐거덕 절을 하며
공이를 사정없이 떨어뜨려
돌확 속 낙엽을 찧는다

온 곳 대신에,
밟혀야만 절하고
밟힐수록 더 많이 절했다며
늘 감사하며 살았단다

평생 디딜방아 곁을 떠날 수 없었던
어릴 적 내 할머님도
방앗공이에 찧어 대나무 뿌리 같던 손으로
대청에 정화수 떠 놓고 방아처럼 절하시며
늘 무언가를 비셨다

방아가 늘 감사하며 살았다니
어디서 살았는지 말 안 해도 된다며,
나도 디딜방아에게 공손히 맞절한다

오일장 날

눈뜨는 왕버들 가지 따라
새봄에 태어난 강아지들 눈뜰 무렵
암탉 깃 속으로 햇병아리들 숨고

목맨 송아지 팔러 가시는 할아버지 따라
초등 1년 명찰에 달린 손수건도
펄럭펄럭 오일장으로 따라나섰다

고샅길 나갈 때
벼락 맞은 느티나무 빈속을 울린
애타는 어미 소 울음소리
층층 쌓인 집채 바위들도 울린다

송아지 못 팔고 돌아오며
종일 걸어 발이 무거운데
송아지 소리 언제 들었는지
어미 소 울음소리 점점 커지자
송아지 울음소리도 커진다

따닥따닥
대게 다리 부딪히는 소리 따라
장 보따리에서 새 나온
간고등어 비린내
코끝을 꼬집는다

겨울 아침 참새

 이른 아침부터 흰 목도리를 한 암갈색 저고리들이 눈 덮인 쇠마답에서 호록호록 볏짚을 뒤지며 무서리 위에 '가갸나냐사' 글을 쓴다. 새벽에 내린 서리 마당 위에, 낱알이 쭉정이들뿐이라고 먹을 게 없다고 써 댄다. 그래도 먹이를 찾아야 한다고 써댄다. 짹짹 깡충깡충 수도 없이 써댄다. 먹다 남은 소여물에서나 겨우 먹을 것 찾았다고 써대는데, 쫓아오던 강아지도 깡충깡충 따라가면서 주먹 글씨로 써댄다. 듣고 있던 누렁이도 콧김으로 커다랗게 뭔가 써대는데. 늦게 일어난 학동學童이 부끄럽다.

소쩍새와 솔부엉이

그해 봄은 가물었다
미나리꽝에서 간간이 개구리 소리 들려오고
등꽃 향기만 마당 가득 적시는데
아이는 잠자리에 누워
오늘 밤에는 올빼미가
우후, 우후
무섭게 울지 않기를 바라며 잠을 청했다

그날 밤엔 올빼미 대신에 소쩍새가 찾아왔다
소쩍새는 털이 없고 몸이 새빨간데,
밤하늘을 가르는 목소리도 새빨갛고
늦게 자는 아이를 잡아간단다
아이는 이불 속으로 파고들었다

솔부엉이 울음은 부드럽지만 우렁찼다
솔부엉이는 늦게 자는 아이를 채가서
소나무 가지에 걸어둔다고 했다
겁이 난 초승달도 굴참나무 뒤에 숨었다

어린 겨울날

쇠죽솥 뚜껑 뒤집어 데운 물에
세수하고 물은 쏟으면
금방 얼어 버리고
무쇠 문고리에 손이 쩍쩍 얼어붙는다

쇠마답* 양지쪽엔
아침부터 흰 목도리 참새들이
호록호록 낱알을 쪼고
벌써 퀭한 하늘,
새벽부터 홰를 친 장닭, 눈이
솔개를 쫓아다닌다

관솔 따러 서낭재에 오르면
멀리 흰 눈 쌓인 청량산은
흰 용이 되어 올라가고
산 아래 얼어붙은 논에서
부지런한 아이들은 얼음을 지치고
연들도 꼬리를 흔들며
당 숲 위 하늘로 올라간다

사랑 뒷방에선
마른 왕골들이
상큼한 풀냄새 풍기며
딸그락딸그락 척척
돗자리로 태어나고
안방에선
어머니 베 짜는 소리 따라
나는 하늘 천, 따지...

얼어 버린 무논처럼
번들거리는 세월 위로
미끄러지듯 너무 멀리 와버렸다

*쇠마답: 소를 매어두는 두엄더미의 경상도 사투리.

모르면 못 할 일이 없다

 온 동네를 주름잡고 다니던 늙은 장닭을 잡아 닭고기를 먹다가 마당을 내려다본다. 새로 대장이 된 장닭이 암탉에게 지렁이를 건네주자, 암탉은 그 지렁이를 병아리에게 준다. 하늘에 솔개가 떴는지 장닭이 홰를 치고, 암탉과 병아리들이 놀라며 툇마루 밑으로 숨고, 얼마 후 대장이 꾸꾸 하고 비상사태를 해제하자 모두 마당으로 나와 꼬꼬 삐악삐악 야단법석이다. 한때 대장이었던 닭고기 계륵을 닭들에게 던져 주자, 닭들은 제 아비나 할아비 뼈인지도 모르고 서로 먹으려고 우르르 몰려든다. 살아남으려면 못할 일이 없다. 하긴, 우리도 부모 먹고 살아남았다.

4 풀, 꽃, 나무, 나비
―――― 신종찬 시집 저녁밥 짓는 냄새

풀들의 말

우연히 산기슭에 모여 살며
싹 돋을 때부터
까닭 모르고
바로 서려 애쓰며 살았습니다

모진 바람 불 때도
빗줄기 잎들 후려칠 때도
추위에 쓰러져 누웠다가도
늘 바로 서 있으려 애썼습니다

살면서
바로 서야 왜 행복한지
쓰러지면 왜 불행해지는지
풀이 죽어야 풀이 왜 사는지
지나가는 바람이 모두 말해주었지만

남은 말은
흔들려야
바로 설 수 있고

바로 서려 해야
흔들릴 수 있다는 말뿐입니다

수수꽃다리

사월이 잔인한 달인지도 모르고
참고 기다리며
수수 알처럼 작은 꿈들을
알뜰히 키웠냈습니다

봄볕에도 타버리는
여리디여린 순정

유혹하려는 뜻 하나 없어도
어째서 그 꿈들이
자줏빛으로 빛나는지를,
어째서 타버려야
진한 향기가 나는지를,

맨살로 겨울을 이겨낸 이는 압니다

씀바귀꽃

담장 밑에서
씀바귀꽃들이 잔치 중이다

심은 적도 없고
가꾼 적도 없지만
절로 어울려
십시일반 정성을 내어
노란 꽃 잔치 벌이고 있다

봄비에게 내려 주어 고맙다고
담장에게도 발길 막아주어 고맙다고
돌들에게도 틈 내어주어 고맙다고
흙들에게 뿌리 내리게 해주어 고맙다고

어버이날 어머니처럼
얘들아,
잘 자라 주어 고맙다고
서로 인사하느라
담장 안에 가득한 노란 웃음소리

목련꽃

사월 하늘에 총을 쏘자
소리 내어 하얀 붓 총을 쏘자

말할 수 없었던
베르테르의 사랑을 위하여,
이제는 말할 수 있다고
마음 놓고 하늘에 쏘자

사월 하늘에 하얀 손수건을 날리자
자신도 속여야만 하는
그 사랑을 위해
펑펑 흘리는 베르테르들의 눈물,
마음 놓고 닦아보자

사월 하늘에 하얀 숨구멍을 내자
가슴 아렸던 베르테르들을 위해,
억눌리고 지친 가슴에
새하얀 숨통을 틔워주자

이팝나무

계절마저 사라졌다고 아우성치는
교외의 아스팔트 길가,
이팝나무 아지매는
올해도 이밥 한 솥 해놓으셨다

검은등뻐꾸기는
개개비 둥지에 알 낳아놓고
염치없는지, 밤낮으로 홀딱 벗었다고 유혹하고,
아까시나무는
하얀 면사포를 걸치고
거부할 수 없는 향기로 유혹하고,
밤낮없이 유혹이 유혹을 또 불러댈 거라는데

둘레길에 지어 놓은 이밥 한 솥
길손들에게 옥식기 고봉밥으로 대접하려 하지만,
손사래 치는 길손들, 이젠 보릿고개 없다며
갖은 반찬 갖췄느냐 되묻는다

그래도, 그래도라며
이팝나무 아지매는
이밥 한 그릇 먹어야 힘 나지 하며
연신 허연 이밥을 퍼 놓는다

호랑나비

활짝 핀 나리꽃에 앉아
느릿느릿 날갯짓하며
제발,
날 잡지 말아달란다

길게 뽑은 더듬이 한 쌍에
넓은 호랑 무늬 날개 두 쌍,
그 아래 여섯 개 다리 슬쩍 감춘
신화 속 슬픈 켄타우로스*

장맛비에도 날개가 말라서
처음 이리로 날아왔단다

산초 잎만 먹으며*
험상궂은 가면으로 숨어 지낸
겁쟁이의 슬픔을
펄럭펄럭,
눈물 무늬로 달래며
그저 한 보름만 살겠단다

제발,

날 잡지 말란다

아름다운 만큼 슬프단다

*켄타우로스: 그리스신화에서 두 개의 팔과 4개의
　　　　　　 다리를 가진 반인반마 종족.
*호랑나비 애벌레는 산초잎을 먹고 자란다.

밤꽃의 꿈

온 산비탈을
비린내 나는 향기로
흠뻑 적셔 버렸다

고개 떨구어
자꾸만 아래로
흐드러지게 피는 건
찾아오는 벌, 나비들
무리 지은 사랑 무거워서인가?

땡볕이 푹푹 쌓이는 날
넘치는 외로움으로
꽃 타래 채 뚝뚝 떨어져 버리지만

기어이 맺고 싶은
토실토실한 알밤들의 꿈

들깨 향

온종일 들깨 향이
손을 물고 놓아주지 않는다

모과나무 화분에
절로 난 들깨 포기들
사이좋게 같이 살라 그냥 두었다

장마 후
들깨가 화분을 온통 덮었다

시름시름 죽어가는 모과 살리려
들깨를 잘라버릴 때
진한 눈물 손에 배었나 보다

잘라 내버리는 인연도
이리 끈질기구나

낙엽

한나절 마지막 햇볕을 맞으며
붉은 잎
노란 잎
갈잎들이
분분히 떨어지고 있다

떠나는 너는
누굴 위해
그리 알뜰히 땅을 단장하느냐

네 정성
하나둘 쌓이면
길이 아닌 곳도
고운 길 되는구나

늦가을 달리아 꽃에게

때론, 늦은 줄 알면서도
용기 내어 피면
아름다운 것

뒤늦게 펴서
된서리 맞았다고
실망하지 말아라
네가 핀 때가 바로 한창 때이다

칼날 같은 단 한 번의 서리에
반쯤 말라버린
한 송이 남은 꽃

펴야 할 때 피고
져야 할 때 지면야 좋겠지만
네가 핀 때가 바로 한창 때이다

과寡꽃과 필수의료 의사

(너는 필수의료 의사 닮았기에 해마다 내 화단에 심는다)

아무리 정성 들여 펴도
늘 부족한 꽃이라는 뜻을
저도 압니다
마치,
최선을 다해도 결국 의사는
모든 생명을 다 지킬 수 없는 것처럼

겹겹 흰 꽃잎들이
찬 이슬 맞아 분홍빛 될 때까지
밤새 다듬이질해도
늘 수수한 무명옷 같은 꽃일 뿐입니다
마치,
밤새 지쳐가며 치료해도
원상회복 이상일 수 없는 것처럼

누군가가 안타까워
과꽃이라 이름 지어주었지만
섭섭한 이름으로라도

날 불러주기만 하면
사위어가는 화단 꼭 지키려 합니다
마치,
질병과의 싸움에서 결국은 패배자이지만
필수의료 진료실 지키는 의사처럼

느티나무 숲

　마을 지키는 고목 느티나무 숲은 그대로가 한 마을이다. 가지와 몸통엔 한 문중의 매미 떼, 우듬지엔 딱따구리 한 가족, 벼락 맞은 커다란 구멍엔 올빼미 한 쌍이 산다. 많은 쥐 떼가 너구리가 사는 느티나무 밑 당집을 원님 댁이라 여기고 얼씬도 못 한다는 것을, 아는 사람은 혹 있겠지만, 벌 떼나 개미 떼가 얼마나 많이 살고 있는지를 생각조차 해보는 이는 거의 없다. 물론 느티나무들은 몇 해나 살았는지 생각조차 하지 않는다.

5 진료실에서

신종찬 시집 저녁밥 짓는 냄새

마스크

투명 가면 뒤에서
숨지 않는 척, 늘
살아온 그대들에게
이제는 늘 가린 얼굴로
살라는 명령입니다

이제부터는
불투명함이
그대들의 얼굴입니다

세상을 지배하는 왕관들의 명령에
놀란 그대들이, 이제
편히 기댈 수 있는
노골적인 구실을 찾은 겁니다

늘 투명 가면을 쓰고
살아왔던 그대들은,
불투명한 가면을 쓰고 사는 게
더 진솔한 삶일 겁니다

전립선비대증

늙은 사내들에게
시계 하나씩 채워준다

새벽마다
소변으로 깨우는
자격루自擊漏

적막할 때 일어나
한참 기다리다
겨우,
끊어질 듯 이어지는
가는 물줄기 하나 만드는
하루의 새벽

가는 줄기처럼 이어질 앞날
잘 갈무리하란다

만성병

보고 싶지도
그립지도 않은
너는,
언제나 내 안에 머물러 있는데

너를 떠나보내려
웃으며 달래주다가
내 살까지 떼어내 덤으로 떼 내주고
불로 태웠는데도
너는 아직 내 안에 남아 있구나

떠나보낼 수 없다면
같이 살아보자꾸나
그것도 아주 뿌리박고
신물 날 때까지 살 섞고 살아보자꾸나!

그래도 안 되면
내가 네 안에 들어가련다
어디 끝까지 살아보자

대답 없는 너
떠나보내려 할수록 다가오는
강요된 사랑

인내심

어디가 불편하세요?
감기에 걸려 온몸이 쑤셔서 왔어요

목이 아프세요?
(답이 없자 큰 소리로)
목이 아프시냐고요?
응! 그럼요, 기침하고 콧물도 나요

아프신 지가 얼마나 되셨나요?
얼마 동안이나 아팠으니 왔지요
그건 왜 물어요?

아니, 얼마 동안 편찮으셨냐고요?
얼마 동안이라니까요,
얼마 동안이란 말도 몰라요?
원장님이 말귀를 못 알아듣네

(인내심을 가지고)
언제부터 아프셨어요?

한 댓새나 되셨어요?
댓새나 되었을까 몰라

기침 때문에 잠 못 주무셔요?
갑자기 잠자는 얘기는 왜혀?
몸살 주사나 좀 빨리 맞혀주세요
네...
따뜻한 물 많이 마시고 마스크 쓰세요!
어디 다른 데 불편한 곳 없으세요?
뭔 얘기할 게 있긴 있었는데...

처방전 받아서 조심해서 가세요

(느닷없이 출입문을 열고 다시 들어오신 할머니는)
"가다가 생각해 보니 등 가려운 얘기 안 했어요
 등이 가려워서 당최 잠을 잘 수가 없어요"

지병持病들

딸이 떠난 방에 자던 아내
문 여는 소리에,
밤중에 왜 안 자고 일어나느냐고
무슨 걱정이 있느냐고 묻는다

걱정거리야 항상 많지만,
그냥 소변보러 가는 거라 말하곤
 (전립선비대증)
기왕지사 일어났으니 책이나 읽자 하며
소파에 앉아,
아내 방 쪽으로 고개를 돌리니
방문 아래 틈 사이로 불빛이 새 나온다
속으로,
'내 걱정이랑 마시고 자기나 잘 자지'
 (불면증)

아내도 슬그머니 일어나
홈쇼핑 채널을 이리저리 돌리다가
냄비 하나를 골라
휴대전화로 입금하기에 바쁘다

창밖 새벽하늘
하현달도
샛별에게 다가가
지병 있느냐고 묻는다
(건강염려증)

진료실의 복음

 한 달 전에 독감으로 진료받은 환자가 진료에 불만을 품고 찾아와, 돈 십만 원만 내놓으면 순순히 물러가겠다며 난동을 부린다. 입에서 술 냄새가 진동한다. 듣자, 하니 당신 정말 안 되겠더군, 돌팔이더군! 치료하다 죽인 사람 한둘이 아니고, 게다가 바가지까지 씌운다며? 내게 단돈 십만 원만 내놔봐! 나 아무 말 하지 않고 떠날 거야, 쩨쩨하게 의사가 돈 십만 원을 아껴? 흰머리에 흰 바지저고리 흰 고무신을 신은 자칭 백수건달님의 추상같은 말씀이 있었던 후, 창피하여 밖으로도 못 나가고 분노가 자괴감으로 둔갑하는 그때, 여보세요! 바빠 죽겠는데, 우리도 진찰 좀 받읍시다. 이 병원 전세 냈어요? 하는 복음이 들려왔다. 대한민국 아줌마의 목소리는 더없이 반가운 복음이었다.

허파에게

네가 누군지 알기나 하느냐?

공기가 헐겁게 드나드니
가슴을 벌렁거리며
허풍 떨라고 걸어둔 것도 아니다

숨이 제대로 들어가지 않을 땐
'구강 대 구강법'으로 바람 불어넣어
사람 살려 칭찬받으라고 걸어둔 건 더욱 아니다

그럼
풀무질하다
횡격막과 박자가 안 맞으면
딸꾹질하라고 가슴에 묻어둔 것일까?

실없이
큰소리에 헛기침으로 답하다가도
울음통의 근원에 긴 대롱 꽂고
오직 들어 마신 만큼만 내쉴 수 있는
바보 등신에다
잠시도 쉬지 못하는 미련퉁이

흉부X선 사진

　(열흘째 밤새 기침하다 잠도 못 잤다기에 가슴 사진을 찍어보기로 했다)

갈비뼈로 단단히 울타리를 쳐놓고
오로지 흑백논리로만 싸우는
미로迷路의 실루엣 전장戰場

왼쪽으로 치우치게 심어 놓은
심장心臟 한 그루,
우듬지에서 잔가지를 많이도 쳤다

한 가운데에 심어 놓은
기관지 한 뿌리,
캄캄한 전장 속에서, 용케도
실 같은 잔뿌리들을 가득 뻗었다

흰 말에 검은 말을 약간 섞는 심장
검은 말에 흰 말을 약간 섞는 근육들
흰 말에 검은 말을 약간 섞는 지방, 갑자기
흰 말하던 뼈가 검은 체한다

검은 말하는 허파가 흰 체한다
오가는 말들이 말이 아니다
낙인찍기 위한 치열한 전투가 일어난다

분명한 흑백논리가 아니면
아예 존재조차 할 수 없는
냉혹한 미로의 실루엣 전쟁터

대기실 의자

오직 누군가를 기다릴 뿐,
다리가 네 개나 있지만
걸을 수가 없다

선한 마음만 있다면
죽은 나무 심어도 뿌리 내린다지만
그건 어디까지나 하기 좋은 말
기다리기만 하는 내 고통을 아시는지?

칠 벗겨진 다리
낡은 등받이
탄력 사라진 늙은 바닥이지만
꿈까지 모두 잊은 것은 아니다

내게 걸터앉아
잠시나마
편히 쉴 누군가를 기다려 본다
환자 오기를 기다리는 의사처럼

자율주행

하루는 언제나 자율주행

하루해가 저물면
진료실 컴퓨터를 끄고
셔터를 닫은 후
조용히 운전석에 앉아
키를 돌리고
내비게이션이 지시하는 대로
도로들이 차바퀴 밑으로 들어온다

번잡한 뉴스 주파수를 지나
올드 팝송이 한강 변까지 흐른 후
주차장 그 자리에서 엔진을 끄면
승강기 문도 그 자리에서 기다린다

아파트 문을 열고
시계는 아침과 같은 시간을 가리키고
오늘 하루 자율주행을 마쳤고
내일 자율주행이 벌써 기다리고 있다

코로나의 신탁神託

카산드라의 신탁神託이다
이제는 비우고 덜어내야 한다
욕심의 숲에서 온 형벌이니
달콤한 문명의 맛을 잊어버리고
두 발로 땅을 밟고 걸어야만 한다

저마다 가면으로 얼굴을 가린 채
거리를 두는 일이란
너와 내가 구분 없는 모습으로
조용히 자신을 불러보는 일

달콤한 편리함에 취한 이들이여
흩어져라, 연기하라, 취소하라,
엄벌, 금지, 봉쇄, 명령의 홍수 속에서
이제 문 잠그고 책상 앞에 쪼그려 앉아
책장을 넘기다가, 늦은 밤
시 한 편에도 웃을 줄 알아야 한다

풀들과 나무들과 조용히 이야기를 나눠보라
쌓아놓고 달려가기만 한다면

왕관의 형벌이 다시 내릴 것이니
덜어내고 또 덜어내라고 한다

이것은 카산드라의 신탁,
하늘이 다시 흐려지고
강바닥이 훤한 모래 알갱이들과
물고기들은 다시 사라져 버리고
홍학들의 흥겨운 춤도 다 사라진단다

홍수처럼 밀려오는 카산드라의 신탁

청진기

아침을 열고
차분히 하루의 터널 속으로 들어가려다
대기실 소파로 눈길이 간다

소파에 웅크린 여인의 얼굴에서
짙게 그린 눈썹들이 꿈틀거린다
아프면서도 애써 그렸을 눈썹들이
내 소리를 먼저 들어달라고 외친다

오늘은 부정출발이다
흰 가운을 입기도 전에
목에 걸친 검은 줄을 귀로 연결하여
마치 먹이를 찾는 박쥐처럼
소리를 찾아 나선다

고통이 바르르 떨리는 소리에
내 손도 바르르 떤다
귀가 딱지가 앉도록 들었어도
헷갈리지 않으려
늘 바르르 떨린다

목에 검은 줄 걸치고
출발선에 선 달리기 선수처럼
하루 시작을 알리는 떨림판

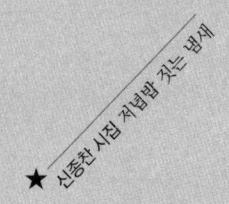
★ 신중환 시집 지법밥 짓는 냄새

6 세상을 향하여
___ 신종찬 시집 저녁밥 짓는 냄새

뻐꾸기 소리

멀쩡한 산자락 허물어
염치없이 지어놓은
아파트의 아침

건너편 복사꽃 지는 절터
올해도
찔레 덩굴 속 개개비 둥지를
멀리서 바라보며, 몰래 알 낳은 어미는
뻐꾹 뻐어꾹
뻑뻐꾹 뻑국 뻑꾹
'아가야, 엄마 여기 있다'
'아가야, 엄마 여기 있다'

염치없으니
더 맑은 소리로
뻐꾹 뻐어꾹
뻑뻐꾹 뻑국 뻐꾹
'맑고 고운 목소리, 네 엄마 여기 있다'

탁란托卵하는 소생이 괘씸하여
몹시 꾸짖고도 싶지만

내년에 못 들을까 걱정되는
뻐꾹 뻐꾹
뻐어꾹 뻐어꾹
뻑뻐꾹 뻑국 뻐꾹
하긴,
염치없는 이들이 어디 너 하나뿐이더냐

정의定義란 무엇인가?

눈에 콩깍지를 씌우자

멀쩡한 눈에도
사팔뜨기 눈에도
예쁘게 쌍꺼풀 한 눈에도
모두 씌우자

어차피
제대로 봐도
제대로 못 봐도
답은 보고 싶은 대로만 보는데

기분이라도 좋게
콩깍지를 씌워
서로 사랑하게라도 만들면
웃음이라도 넘치지 않을까

눈에 콩깍지를 씌우자
형형색색으로
그것도 아주 두껍게 씌우자

여의도를 보니
정의란
백성들 고통 못 본 체할 수 있게
눈에 콩깍지를 씌우는 일

가상假想 대화對話

  요즘 AI기술로 역사적 인물들 간의 대화를 들을 수 있게 되었다

(소크라테스)
그대 자신을 알아야 합니다
(공자)
자기를 이룸成을 인仁이라 합니다
(소크라테스)
지혜知慧를 사랑하는 사람이 되어야 합니다
(공자)
자신 이외를 이룰 때 지知라고 합니다
(예수)
남에게 대접받고 싶은 대로, 남을 대접해야 합니다
(공자)
아닙니다. 자신이 원치 않는 것은 남에게 해서는 안 됩니다
(세종대왕, 언어학자답게)
예수님은 능동태이고, 공자님은 수동태입니다
(정조대왕, 울면서)
세종할아버님, 결국 조선이 망했다고 합니다
능동태는 남을 침략하는 빌미가 될 수도 있습니다

(예수)
능동적으로 잘 대처했으면 좋았겠지요
(부처)
모든 것은 마음먹기에 달려 있습니다

듣고만 있던 단군檀君께서
후학後學들이 모두 훌륭하니
웅녀 대신에 내가 굴로 들어가야겠다며 자리를 뜨신다

숫자에서 해방되기

하루해가 저물면
숫자들이 기다린다

숫자로 잔돈 통을 잠그고
숫자 키로 문을 잠그고
숫자로 차 번호를 확인하고
 ….
조용히 운전석에 앉아
비로소 긴 숨을 내쉰 후
올드 팝송 향수에 젖으려
라디오 주파수 숫자에 맞춘다

이윽고 자동차 키를 잠그고
출입문 번호 키를 두르고
승강기 번호를 누르고
번호 키를 누르고 아파트 문을 열자
자동으로 현관 불이 켜졌다
마침내 하루치 숫자에서 해방되었다

엄중한 시국 해결책

이 세상에 두루 통하는 말로
상수 + 변수 = 세상
$y = ax^2 + bx + c$에서
a의 값이 0이 아닌 상수일 때,
이 함수는 2차 함수가 성립한다.
(x^2항 만큼은 꼭 필요하다.)

아무리 드센 권력이라도
세상의,
상수를 무시하면 허물어진다
변수를 무시하면,
새로운 것은 아무것도 이룰 수 없다

이걸 무시하면
중3 교실로 되돌아가
세상에 통하는 말을 다시 배워야 한다

반성 없는 계절

하늘을 우러러 한 점 부끄럼 없기를 바란다는 말은
맹자孟子에게로 꼭 되돌려 줘야 한다

겨울이 추위를 나무라지 않고
봄이 낙화落花를 나무라지 않는 것처럼
독감들은 독감들을 나무라지 않고
코로나들은 코로나들을 나무라지 않는 것처럼
참나...
군중들은 군중들을 나무라지 않고
시위는 시위를 나무라지 않는 것처럼
재판은 재판을 나무라지 않고
탄핵은 탄핵을 나무라지 않는 것처럼
계엄도 계엄을 나무랄 필요가 없다는군

그도 그럴 것이,
코로나에 숨돌릴 틈도 없이 독감이 오는 것처럼
군중들이 숨돌릴 틈도 없이 시위가 연속되는 것처럼
허리 구부려 사방을 살펴보아도
계절은,
반성이 반성을 생각할 겨를조차 없으니

하늘을 우러러 한 점 부끄럼 없기를 바란다는 말은
맹자孟子에게로 꼭 되돌려 줘야 한다

이겨다오

이세돌과 알파고가 겨루고 있다
다섯 판 중에서 이미 두 판을 졌다
이 판에 승부가 걸렸는데,
알파고는 아직 1시간 22분이나 남았는데
인간은 겨우 30분만 남았다

인간 대표는
타는 목을 축이려 물 한 모금 마시고
미간을 찌푸리고 머리를 짜내어
겨우 한 수를 두는데,
알파고는 너무나 쉽게 두고
다음 수가 거침없다

인간이 훗날 인간에게
남겨놓은 일은 무엇일까?
할 수 있는 일은 무엇인가?
갈 곳이나 남겨놓았을까?
적응할 시간이라도 주는 것일까?

밥만 축내는 존재가 되고 마는 걸까
아님, 우리는 초인超人이 되는 것일까
우리는 신神도 볼 수 있게 될까
초인 아들의 나이가 234살이고
초인 손자의 나이가 200살이 되는 걸까

마지막까지 힘 내주길 바란다
인간이 인간으로 남을 수 있게
제발 한 판이라도 이겨다오

하늘도 가리는 손

눈 온 다음 날
옥상에 눈이 하얗게 쌓였다

파란 하늘만 따로 보고 싶어
눈 덮인 인수봉, 만장봉, 노적봉을
손바닥으로 가려본다
산도 가려지고 하늘도 가려진다

이렇게 잘 가려지는데
손바닥으로 하늘을 가릴 수는 없다니
그건 말이 안 되는 말

손은커녕 손가락만으로도
하늘이 충분히 가려지고도 남는데
뭘 모르고 하는 말

말도 안 된다는 말들이
말이 되는 세상,
하늘을 가리고도 남는
간 큰 손들이 넘치는 세상

소쩍새와 부엉이

대모산 아래 수서동
사월 보름날에
소쩍새 소리를 처음 들은 후
이틀 있다가 솔부엉이 소리도 들었다

앞산 느티나무에서 소쩍소쩍
솔직히 솔직히 걱정이다, 소쩍
뒷산 솔숲에서 부엉부엉
어영부영 살까 봐서 걱정이다, 부엉

서울에서 좀처럼 듣기 어려운 귀한 새소리들을
이태 전부터 이사 와서 듣고 산다

올해는 소쩍새 소리가 작년보다 이틀 늦어
혹시나 안 오나
걱정했다 바보야,
작년에 듣던 뻐꾸기 소리
올해 못 들으면
걱정했다 바보야,
부엉부엉, 부엉부엉

산을 오르며 1

산이라도 오르지 않으면
어찌 마음을 잡아둘 수 있을까 하고
산을 오른다

조금만 억눌러도 가라앉고
조금만 치켜올리면 끝이 없는데
오르락내리락하다가
몸보다 먼저 지치는 마음

오른다지만
늘 오르는 것도 아니고
내려간다지만
늘 내려가는 것도 아니고
고개 드는 순간
산을 몇 번 오르내린 것처럼 재빠르고
움직이지 않으면
깊은 호수였다가
움직이면
하늘과 땅처럼 멀어져버린다
굳기 시작하면

얼음처럼 차가워지고
뜨겁게 달구어지면
날카롭게 태워버린다
올라가려 불길 같이 타올랐다가
내려가면 식은땀처럼 차가워지고
버거운 언덕을 만나면
이내 날카롭게 파서 상처를 내고 만다

발걸음처럼 제멋대로인
마음을 잡아 매어두려 산을 오른다

산을 오르며 2

아끼며 오르는 발걸음
즐겁게 내려가는 계곡물
힘들지만 올라야 하는 우리들은
모였으니 반갑고
오를 수 있으니 기쁘다

빠른 걸음으로도
느린 걸음으로도
오직 제 발로 오를 수밖에 없어
힘이 부친다
아들 손을 잡기 전에
늙은 소나무 굴피를 잡아보자
젊은 팥배나무 잔가지라도 잡아보자

멀리서 빛나는 정상頂上이
어서 오라고 손짓하지만
또박또박
중턱까지라도 무방하다
더 높이 오르려면
몸을 더 낮춰 걸어야 한다

묵묵히 서 있는 나무들이
몰라주면 성내던 사람들에게
이웃 되는 법을 가르친다

첫눈 온 다음 날

철없는 첫눈이 발목까지 빠지게 왔다
공원에서 따스한 커피 한 잔 마시는데
바위 밑 씀바귀 잎이 검붉게 멍들었다

"밤새 쌓이는 눈이 무섭지 않았니?"
"아니요, 몸을 낮추면 무섭지 않아요"

큰 가지 우지끈 꺾여
속살까지 드러난 소나무가
내려다보며 거든다

"첫눈이 철없이 이렇게 많이 오니
당최, 견딜 재간이 있어야지요"

하긴,
첫눈뿐인가
철없는 권력자들 때문에
마음이 꺾여 속살 드러낸 사람들 천지지
우리 같이 몸 낮추고 살자

커피 마신 따스한 입김을
씀바귀에게 불어준다